COLONIE DÉ MADAGASCAR ET DÉPENDANCES

Inspection du Travail

TEXTES

portant réglementation du travail indigène dans
la colonie de Madagascar et Dépendances

(Décret du 22 septembre 1925)

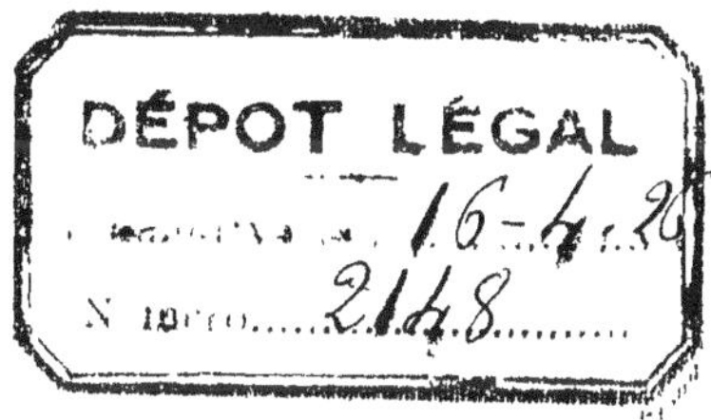

TANANARIVE

IMPRIMERIE OFFICIELLE

1926

Inspection du Travail

TEXTES

portant réglementation du travail indigène dans
la colonie de Madagascar et Dépendances

(Décret du 22 septembre 1925)

TANANARIVE
Imprimerie Officielle

1926

ARRÊTÉ

promulguant, dans la colonie de Madagascar et Dépendances, le décret du 22 septembre 1925, réglementant le travail indigène dans la colonie de Madagascar et Dépendances.

———————

Le Gouverneur Général de Madagascar et Dépendances, commandeur de la Légion d'honneur,

Vu les décrets des 11 décembre 1895 et 30 juillet 1897,

Arrête :

Art. 1er. — Est promulgué, dans la colonie de Madagascar et Dépendances, le décret du 22 septembre 1925, réglementant le travail indigène dans la colonie de Madagascar et Dépendances.

Art. 2. — Le présent arrêté sera inséré au *Journal Officiel* de la Colonie et publié ou communiqué partout où besoin sera.

Tananarive, le 30 décembre 1925.

M. OLIVIER.

RAPPORT
au Président de la République française

Paris, le 22 septembre 1925.

Monsieur le Président,

La question de la main-d'œuvre, réglementée en dernier lieu, à Madagascar, par un arrêté local du 20 août 1920, se pose plus impérieuse que jamais dans cette possession, dont l'effort économique réalisé depuis la guerre risque d'être compromis par les difficultés croissantes auxquelles se heurtent les entreprises publiques et privées lorsqu'il s'agit de recruter les ouvriers dont elles ont besoin.

Il est apparu au Gouverneur Général de la Grande Ile, que le texte précité, ainsi que le décret du 10 juin 1921, portant réorganisation des conseils d'arbitrage à Madagascar, ne répondaient plus aux nécessités de l'heure présente, et qu'il convenait de condenser en un seul acte, en les modifiant, les dispositions sur lesquelles s'appuie la réglementation du travail.

Il importe, notamment, d'assurer la stabilité de la main-d'œuvre, de lui garantir une rémunération en harmonie avec l'augmentation du coût de la vie, de donner aux employeurs une sécurité devenue précaire et d'assurer le règlement impartial et rapide des différends pouvant naître de l'exécution ou de l'inexécution des contrats intervenus.

Dans ce but a été préparé, après une étude minutieuse, le projet de décret ci-joint, que nous avons l'honneur de soumettre à votre haute sanction.

Nous vous prions d'agréer, monsieur le Président, l'hommage de notre profond respect.

Le ministre des colonies,
André HESSE.

Le garde des sceaux, ministre de la justice,
T. STEEG.

DÉCRET

Le Président de la République française,

Vu l'article 18 du sénatus consulte du 3 mai 1854 ;

Vu le décret du 10 juin 1921, portant réorganisation des conseils d'arbitrage du travail indigène à Madagascar ;

Sur le rapport du ministre des colonies et du garde des sceaux, ministre de la justice,

Décrète :

I

Du recrutement

Art. 1er. — Le recrutement des travailleurs indigènes destinés à être employés à l'intérieur ou en dehors de leur circonscription d'origine est assuré par l'employeur ou par son représentant européen ou indigène agréé par l'office régional du travail, avec ou sans l'assistance de l'office régional du travail et sous le contrôle des autorités locales.

Art. 2. — Les opérations de recrutement sont, en principe, autorisées dans toute la Colonie.

Le Gouverneur Général peut cependant les suspendre par arrêté dans certaines régions, pour des raisons d'ordre public ou dans l'intérêt de la santé et de l'hygiène publiques.

II

Statut des travailleurs

Art 3. — Les indigènes et assimilés de l'un ou l'autre sexe, âgés de seize ans révolus, peuvent être employés dans les entreprises publiques ou privées comme journaliers ou à titre permanent.

Art. 4. — Sont considérés comme travailleurs permanents ceux qui louent leurs services pour une durée effective et consécutive d'un mois au minimum chez le même employeur, quel que soit le mode de payement des salaires convenus.

Art. 5. — Les conditions générales prévues au chapitre « Contrat de travail » du présent texte sont obligatoires pour tous les travailleurs permanents, que leur engagement résulte d'une convention verbale ou d'un contrat écrit.

Art. 6. — Le contrat est toujours écrit, visé et enregistré, lorsque les travailleurs sont recrutés avec l'assistance de l'office régional du travail, ou, à défaut, d'un agent de l'administration.

Tout engagement de travailleur indigène pour une durée supérieure à trois mois comportera obligatoirement un contrat écrit, visé et enregistré.

Art. 7. — L'engagement du personnel domestique reste seul soumis aux usages locaux, quelle que soit sa durée ou sa forme ; mais les contestations auxquelles il pourrait donner lieu sont, comme tous les différends entre employeurs européens ou indigènes et employés indigènes, de la compétence du conseil d'arbitrage.

Pour ce personnel, la résiliation de l'engagement, sauf dans le cas de -consentement mutuel, ne deviendra effective qu'après avis donné par l'une ou l'autre partie à l'office régional du travail, là où il en existe un, et huit jours après réception de cet avis.

L'office régional du travail préviendra sans délai l'autre partie.

Art. 8. — Les mineurs peuvent être employés à des travaux urgents et peu pénibles nécessitant à certaines saisons une main-d'œuvre nombreuse et spéciale (fécondation de la vanille, cueillette des clous de girofle, etc.), mais uniquement à la journée et dans des conditions à déterminer, pour chaque région, par l'office du travail.

III

Office central et offices régionaux du travail

Art. 9. — Il est institué au gouvernement général un office central et dans chaque province ou district où cette création sera jugée nécessaire, un office régional du travail.

Art. 10. — L'office central réunit, coordonne et publie tous les renseignements, documents et statistiques relatifs aux besoins, et aux disponibilités, aux demandes et aux offres de main-d'œuvre dans la Colonie.

Il contrôle les offices régionaux du travail.

Il étudie les améliorations à apporter à la réglementation du travail indigène proposées par les inspecteurs du travail dont il centralise les rapports.

Art. 11. — L'office central comprend une commission consultative et un comité permanent.

La commission consultative est composée, sous la présidence du chef du service des affaires politiques, de :

Quatre colons désignés : deux par le Gouverneur Général et deux par la section européenne de la délégation financière, et choisis parmi les représentants des agriculteurs, des commerçants, des entrepreneurs et des exploitants miniers.

Un inspecteur du travail, autant que possible.

Un délégué du directeur du service de santé et de l'assistance médicale indigène.

Un délégué du directeur des travaux publics.

Un administrateur des colonies en service aux affaires politiques, secrétaire.

Quatre notables indigènes, deux désignés par le Gouverneur Général et deux par la section indigène de la délégation financière.

La commission se réunit au moins une fois par trimestre.

Art. 12. — Font partie du comité permanent :

Le chef du service des affaires politiques et administratives.

Le délégué du directeur des travaux publics.

L'un des deux colons et l'un des deux notables indigènes désignés par les délégations financières.

Le secrétaire de la commission consultative.

Art. 13. — L'office régional du travail constitue un bureau officiel de placement, de renseignements et de statistique.

Il sert d'intermédiaire entre les employés européens ou indigènes et les travailleurs indigènes ; il facilite et surveille le recrutement de la main-d'œuvre pour les entreprises publiques et privées.

Il cen'ralise les demandes et offres de main-d'œuvre et les porte à la connaissance du public ; il se tient en relations constantes avec les offices régionaux voisins et avec l'office central du travail.

Il vise et enregistre les contrats de travail, indique aux employeurs, à leurs fondés de pouvoir et aux travailleurs les conditions générales que doivent obligatoirement stipuler les contrats.

Il doit être avisé dans les conditions prévues aux présent texte de toute résiliation ou rupture de contrat.

Art. 14. — Les commissions du travail sont supprimées et leurs attributions transférées, dans les conditions et sous les réserves ci-après, aux offices égionaux du travail.

L'office régional propose les taux normaux des salaires à appliquer pour chaque genre de travail et le tarif minimum de ces salaires qui sont fixés, dans chaque circonscription et au besoin dans chaque subdivision administrative, par arrêté du Gouverneur Général.

Il détermine, suivant les usages locaux, les conditions normales du travail dans les limites prévues par le présent texte.

Il donne son avis sur toutes les questi ns intéressant la main-d'œuvre dans sa région.

Art 15. — L'office régional du travail comprend, sous la présidence du chef de la province ou de son délégué, ou du chef de district :

L'inspecteur du travail, lorsqu'il est présent dans la région.

Un ou deux délégués de la chambre de commerce ou consultative.

Le médecin inspecteur de l'assistance médicale indigène ou, à défaut, le médecin en service dans la localité.

Un agent du service des travaux publics.

Un ou deux notables indigènes.

Un secrétaire permanent rétribué.

IV

Inspection du travail

Art. 16. — Il est créé dans la Colonie une inspection du travail.

Les inspecteurs du travail sont nommés par arrêté du Gouverneur Général et choisis, autant que possible, parmi les fonctionnaires de l'ordre administratif ou parmi les médecins des troupes coloniales hors cadres ou les médecins européens de l'assistance médicale indigène que leur grade et leur expérience du pays désigneraient particulièrement pour ces fonctions.

Les inspecteurs du travail recevront une commission spéciale et seront préalablement assermentés.

Ils sont chargés d'assurer l'exécution des dispositions du présent texte et, d'une manière générale, de la réglementation du travail indigène à Madagascar.

Ils ont accès en toute circonstance dans tous les ateliers, chantiers, établissements et exploitations employant des travailleurs indigènes à titre permanent ou comme journaliers, ainsi que dans les camps et habitations des travailleurs.

Ils ne peuvent, toutefois, pénétrer dans les locaux habités par les employeurs qu'après y avoir été autorisés par les personnes qui les occupent.

Art. 17. — Les inspecteurs du travail visent les registres dont la tenue est prescrite aux employeurs ; ils peuvent se faire présenter tous contrats, livrets de travail et d'identité prévus par les règlements en vigueur.

Ils reçoivent les déclarations et réclamations des employeurs et de leurs employés, interviennent sur la demande des intéressés ou d'office, lorsque des difficultés leur sont signalées, et s'efforcent de concilier les parties, sous réserve de recours au conseil d'arbitrage.

Ils peuvent interroger les travailleurs et faire toutes les investigations qu'ils jugent utiles.

Ils peuvent requérir les médecins de l'assistance médicale indigène de les accompagner dans leurs inspections, afin de vérifier l'exécution des prescriptions sanitaires.

Leurs constatations et observations obligatoirement consignées d'une manière sommaire sur les registres visés plus haut font, en outre, l'objet de rapports adressés à l'office central du travail et aux offices régionaux où les intéressés peuvent en prendre connaissance.

Art. 18. — Les inspecteurs du travail constatent les infractions à la réglementation en vigueur par procès-verbaux qui font foi jusqu'à inscription de faux.

Ces procès-verbaux sont adressés en double exemplaire et envoyés l'un au chef de la province et l'autre à la juridiction compétente.

Ils procèdent à toutes enquêtes sur les causes, les circonstances et la nature des accidents dont les ouvriers sont victimes dans leur travail.

Ils fournissent un rapport annuel sur l'application de la réglementation du travail, font toutes propositions relatives à l'hygiène, à la sécurité des travailleurs, à l'amélioration des rapports entre employeurs et employés, et donnent leur avis sur toutes les questions concernant la main-d'œuvre.

Ce rapport en double exemplaire est adressé à l'office central du travail et par extraits aux offices régionaux intéressés.

Art. 19. — Les dispositions qui précèdent ne dérogent pas aux attributions des chefs de circonscription et de subdivisions administratives et à la réglementation en vigueur, en ce qui concerne les exploitations minières, la surveillance des appareils à vapeur, etc.

V,

Des contrats de travail

Art. 20. — Sont qualifiés contrats de travail les contrats passés entre employeurs d'une part, et indigènes salariés, employés dans une entreprise agricole, commerciale ou industrielle, d'autre part.

La durée du contrat ne peut être inférieure à un mois ni supérieure à deux ans.

Art. 21. — La durée de la journée de travail est fixée par l'office régional.

Art. 22. — Lorsqu'un engagé doit travailler à la tâche, celle-ci ne peut être supérieure au travail effectué normalement dans une journée selon la durée fixée par l'office régional.

Art. 23. — Le repos hebdomadaire est obligatoire. Il sera, en principe, accordé le dimanche, et, dans les entreprises où tout le personnel ne peut en bénéficier en même temps, un jour quelconque de la semaine par roulement.

Art. 24 — Le salaire avec ou sans ration ne peut, en aucun cas, être inférieur au minimum fixé par arrêté du Gouverneur Général sur la proposition de l'office régional du travail.

Les salaires doivent être payés en monnaie métallique ou fiduciaire ayant cours légal, nonobstant toute stipulation contraire, à peine de nullité.

Ils seront payés au moins une fois par mois, un jour autre que celui où les travailleurs ont droit au repos.

Le payement ne peut avoir lieu ni dans un débit de boissons ni dans un magasin de vente.

Art. 25. — L'employeur qui a fait une avance en espèces au moment de la signature du contrat ne peut se rembourser qu'au moyen de retenues successives ne dépassant pas le dixième du montant des salaires exigibiles.

Les acomptes sur le travail ne sont pas considérés comme avances.

Art. 26. — Les travailleurs manuels employés sur les chantiers publics ou dans les entreprises privées ont droit, sur leur demande, à une ration journalière de vivres dont la composition est fixée par l'office régional du travail.

Dans ce cas, le contrat stipulera si la ration doit être fournie en plus du salaire fixé, ou si elle doit venir en déduction de ce salaire, et pour combien.

Il est absolument interdit de faire figurer l'alcool dans la ration.

En aucun cas, la ration alimentaire prévue ne pourra être diminuée.

Une ration forte est allouée lorsque la journée de travail excède huit heures, lorsque le travail est particulièrement pénible ou qu'il a lieu de nuit.

Art. 27. — Les femmes et les enfants âgés de moins de seize ans ne peuvent être employés à aucun travail entre neuf heures du soir et cinq heures du matin.

Art. 28. — En dehors des agglomérations urbaines ou rurales où ils sont domiciliés, les travailleurs seront convenablement logés et couchés, suivant le mode indigène, par l'employeur et à ses frais.

Les villages ouvriers seront soumis aux prescriptions des textes réglementant l'hygiène des agglomérations rurales.

Art. 29. — Tous les frais de transport des engagés par voie maritime, en chemin de fer ou en automobile, ainsi que la nourriture, sont à la charge de l'employeur.

Si l'engagé rejoint à pied le lieu de l'exploitation, il a droit, en plus de la ration journalière fixée par l'office régional du travail, à la moitié du salaire quotidien prévu au contrat.

La durée de voyage terrestre est décomptée d'après les textes réglementant les transports administratifs dans la Colonie. Le parcours moyen ne doit pas dépasser 30 kilomètres par jour lorsque le convoi comprend des femmes et des enfants.

Art. 30. — Sauf lorsque le contrat a été rompu par leur faute, le rapatriement est dû, dans les mêmes conditions que celles fixées pour le voyage aller, aux travailleurs en fin d'engagement, et par le dernier employeur, si plusieurs contrats successifs ont été passés.

Art. 31. — Les indigènes recrutés pour être employés en dehors de leur circonscription d'origine sont, avant la signature du contrat, visités par un médecin désigné par l'office régional du travail, qui ajourne ou empêche, le cas échéant, leur mise en route.

Ceux qui sont reconnus aptes au travail et doivent être employés dans la région des hauts plateaux reçoivent, au départ, une couverture et, dès leur arrivée, un vêtement chaud, si l'exploitation est située à plus de 800 mètres d'altitude.

Art. 32. — Les entreprises publiques ou privées employant de 100 à 1.000 hommes doivent avoir un poste de secours pourvu de médicaments d'urgence et d'objets de pansement; au-dessus de 1.000 hommes le service médical est assuré par un médecin indigène, disposant des médicaments dont la nomenclature est prévue par l'arrêté du 24 mars 1917; à partir de 3.000 hommes, le service sera organisé conformément aux instructions ministérielles du 22 juillet 1924 et dirigé par un docteur en médecine (1).

Art. 33. — Toutes ces exploitations recevront de la Colonie une subvention égale au maximum au quart des versements effectués dans l'année par les travailleurs, au titre de l'assistance médicale indigène.

Art. 34. — Les contrats de travail passés entre employeurs européens ou indigènes et travailleurs indigènes peuvent être visés et enregistrés sur la demande des intéressés, même si ces contrats sont conclus pour une durée de trois mois ou inférieure à trois mois.

Ils sont obligatoirement soumis au visa et à l'enregistrement :

1° Lorsque le recrutement est fait avec l'assistance de l'office régional du travail, ou, à défaut, d'un agent de l'administration ;

2° Lorsque l'engagement est passé pour une durée supérieure à trois mois.

Le contrat est visé et enregistré par l'office régional du travail, lorsqu'il en existe un, et, dans le cas contraire, par le chef du district.

Art. 35. — Les contrats soumis au visa et à l'enregistrement comportent obligatoirement outre la référence aux conditions générales susénoncées, applicables à tous les travailleurs permanents, les indications suivantes :

1° Nom, prénoms, nationalité, profession domicile de l'employeur ;

---

(1) **Service médical.** — Il doit être assuré par des médecins français dont un chef de service et par des médecins indigènes assistés d'infirmiers (en principe, un médecin indigène pour 1.000 hommes et au-dessous, 1 médecin français par groupe de 3.000).

Ce service doit comporter dans chaque camp une infirmerie ambulance avec locaux d'isolement largement prévus et une proportion de lits de 5 0/0 de l'effectif et sur chaque chantier un poste de secours, ce dernier confié à un infirmier à défaut de médecin.

Une ou plusieurs de ces formations, suivant l'importance des effectifs, choisies en raison de leur situation centrale et des facilités d'évacuation, doivent être pourvues d'un service chirurgical; les chirurgiens doivent disposer d'un matériel technique et d'un personnel d'équipe chirurgicale toujours en état d'être mobilisés et transportés sur tout point où un accident pourrait survenir.

Le matériel technique et pharmaceutique fait l'objet d'une nomenclature détaillée approuvée par le directeur du service de santé, il doit en permanence être maintenu au complet.

2° **Nom**, prénoms, surnom, filiation, âge approximatif de l'employé, son domicile, avec mention des villages, faritany et district, le numéro de son livret individuel ;

3° La photographie et, à défaut, l'empreinte digitale, taille et les particularités susceptibles de préciser son identité ;

4° Le lieu et la nature du travail à fournir et sa durée, qui ne saurait être inférieure à quinze jours par mois ; s'il s'agit d'un travail à la tâche, celle-ci sera calculée de manière à assurer à l'employé un salaire mensuel au moins égal au montant de quinze journées ;

5° La durée de l'engagement et la date à partir de laquelle il aura son effet ;

6° Le taux de salaire et les époques de payement (au moins une fois par mois) ;

7° La ration fixée par l'office régional du travail et spécifiée en nature et en quantité ;

8° Les conditions de logement et, s'il y a lieu, celles du vêtement du travailleur ;

9° Les avances faites au moment de l'engagement ;

10° Les clauses spéciales de résiliation convenues et toutes autres stipulations intervenues entre les parties et non contraires aux dispositions du présent texte.

Le visa et l'enregistrement seront refusés lorsque le contrat présenté ne satisfera pas aux prescriptions susénoncées.

Art. 36. — Avant d'opposer son visa, le chef de district ou le secrétaire de l'office régional du travail donnera lecture du contrat aux parties, en français et en malgache, et s'assurera du libre consentement de l'engagé.

L'employeur pourra se faire représenter par un mandataire européen ou indigène agréé par l'office régional du travail.

Il sera fait mention de ces formalités, ainsi que de la certification des signatures des parties ; si l'une d'elles était illettrée, il en serait également fait mention.

Les contrats de travail visés sont établis en triple exemplaire, l'un pour l'employeur, le second pour l'employé, le troisième pour l'office régional du travail, sur des livrets dénommés « Livret de travail ».

Un arrêté du gouverneur général déterminera le modèle de ces « Livrets de travail ».

Art. 37. — Si le contrat est visé et enregistré au district, et s'il n'existe pas d'office régional du travail dans la province, le troisième exemplaire est conservé dans les archives du district ; dans le cas contraire, il est adressé à l'office régional du travail.

Les livrets de travail sont fournis par l'autorité administrative ; le prix est fixé à 1 franc par exemplaire et est payé par l'engagiste au profit du budget local.

Art. 38. — En cas de perte déclarée par l'employeur ou par l'employé, un duplicata peut être délivré, après enquête sommaire, contre versement, par la partie intéressée, d'une somme de 2 francs au profit du budget local.

Art. 39. — Avant tout engagement, l'identité et la situation fiscale (impôts et prestations) de l'employé sont vérifiées par les bureaux du district.

L'employeur ou son fondé de pouvoir s'engagera à verser, tant que l'indigène restera à son service :

1° Les impôts de l'exercice en cours, par quart et à termes échus ;

2° Les impôts des exercices antérieurs dont l'engagé pourrait être redevable, à raison de 50 p. 100. des sommes dues par année de travail fourni et à l'expiration de chaque année.

Les sommes ainsi versées sont retenues par l'employeur sur les salaires du travailleur.

Les récépissés de versement des impôts ainsi payés devront être établis au nom du travailleur et remis à ce dernier.

Art. 40. — Les indigènes liés par contrat d'un an au moins sont autorisés à racheter leurs prestations dans les conditions prévues par la réglementation en vigueur.

Ils sont dispensés de la garde de nuit et des corvées dites de fokonolona. Mais ils doivent prêter leur concours en cas d'accident, incendie, inondation, etc.

Leur livret individuel sera estampillé et mentionnera le nom de leur employeur et le numéro d'enregistrement de leur contrat de travail.

Art. 41. — Les contrats de travail peuvent être résiliés :

1° Par consentement mutuel des parties ;

2° Par la volonté de l'une des parties, dans les cas prévus au contrat ;

3° Par décision du conseil d'arbitrage dans les autres cas.

Avis de la résiliation doit être donné dans le délai d'un mois, dans les deux premiers cas par l'employeur, dans le dernier cas par le secrétaire du conseil d'arbitrage, à l'office régional du travail ou au chef de district qui a visé le contrat.

Art. 42. — L'employeur doit tenir, au lieu de l'exploitation, un registre coté et paraphé par l'autorité administrative de sa résidence ou du lieu de son exploitation, et y consigner :

1° Les noms de tous ses ouvriers, journaliers ou permanents ;

2° Le travail fourni ;

3° Les avances faites ;

4° Les salaires payés ;

5° Les absences régulières ou irrrégulières ;

6° Les retenues opérées sur les salaires ;

7° Facultativement, toutes autres indications qu'il jugera utiles.

Ce registre sera produit sur place à toute réquisition des inspecteurs du travail, des autorités judiciaires et des autorités administratives chargées de la surveillance et du contrôle du travail indigène à Madagascar.

Un arrêté du gouverneur général déterminera le modèle du registre à tenir par l'employeur.

VI

Interruptions du travail. — Sanctions du contrat de travail

Art. 43. — L'absence de l'engagé est régulière dans les cas suivants :

1° Autorisation de l'employeur ;

2° Indisponibilité pour cause d'accident ou de maladie ;

3° Convocation de l'autorité administrative ou judiciaire ;

4° Exécution des travaux de prestations à défaut de rachat ;

5° Cas de force majeure.

Art. 44. — Dans tous les cas d'absence régulière, aucune sanction ne peut être prise contre l'engagé, et l'employeur ne peut demander la résiliation du contrat que si cette absence dépasse trente jours consécutifs.

Art. 45. — Pendant toute la durée de l'absence, l'employé n'a droit ni au salaire, ni à la ration, sauf le cas prévu ci-après ou stipulation contraire du contrat ; mais il conserve pour lui, et, le cas échéant, pour sa famille, le droit au logement, lorsqu'il en est mis un à sa disposition.

Art. 46. — Si l'absence a pour cause une indisponibilité (accident ou maladie) résultant du travail, l'employeur doit fournir la ration et le demi-salaire pendant un mois au maximum,

Si l'absence a pour cause un accident ou une maladie ne résultant manifestement pas du travail, l'employeur, doit, néanmoins, fournir la ration entière pendant un mois au maximum.

Art. 47. — Il doit également fournir ou rembourser les soins médicaux et les médicaments pendant le même temps si les travailleurs n'ont pu être soignés dans une formation de l'assistance médicale indigène.

Art. 48. — A l'expiration de ce délai, l'employeur pourra demander au conseil d'arbitrage la résiliation du contrat, sous réserve des suites judiciaires que pourrait entraîner l'accident ou la maladie, cause de l'indisponibilité.

Art. 49. — L'absence résultant de la seule volonté du travailleur, sans qu'il y ait eu violation par l'employeur du contrat de travail, est irrégulière.

Elle donne lieu d'office de la part de l'employeur et par les soins de ce dernier, à une retenue égale au salaire dû pendant la durée de l'absence, sous réserve de l'inscription régulière de cette retenue au registre prévu plus haut et sauf recours au conseil d'arbitrage.

Art. 50. — En cas de nouvelle absence irrégulière, si celle-ci dure plus de quinze jours consécutifs, l'employeur peut demander au conseil d'arbitrage la résiliation du contrat, sans préjudice des dommages-intérêts qui pourraient lui être alloués et du remboursement des débours de toute nature, autres que les salaires et les frais médicaux, effectués pour le compte du travailleur.

Ce dernier perd tout droit au rapatriement.

Art. 51. — La violation du contrat de travail par l'employeur donne lieu à un recours devant le conseil d'arbitrage soit par le travailleur, soit par l'inspecteur du travail, et, à défaut, par toute autorité administrative chargée de la surveillance et du contrôle du travail indigène.-

Art. 52. — Les dispositions des articles 46, 47 et 48, édictées à titre provisoire, resteront en vigueur jusqu'au moment où devra entrer en application la réglementation d'ordre général prévue par la circulaire ministérielle du 22 juillet 1924.

-VII

Infractions à la réglementation du travail. — Pénalités. — Compétence

ART. 53. — Relèvent de la juridiction des tribunaux répressifs de droit commun et sont punies des pénalités prévues au présent texte les infractions à la réglementation du travail indigène énumérées et qualifiées ci-après :

Est passible d'une amende de 16 à 100 francs et d'un emprisonnement de six jours à quinze jours tout individu ayant passé ou consenti des contrats de travail fictifs.

ART. 54. — Est passible des mêmes peines ou de l'une de ces deux peines seulement, tout individu ayant passé un contrat stipulant des conditions de travail contraires à la réglementation en vigueur ou différentes de celles qui sont en réalité appliquées ; ne prévoyant pas un salaire payable en espèces ou prévoyant un certain nombre de journées ou d'heures de travail non rétribué ; exigeant de l'engagé des redevances en argent ou des prestations en nature ; lui imposant des obligations ou lui accordant des avantages que seule l'autorité peut imposer ou accorder.

La nullité de ces contrats sera toujours prononcée.

ART. 55. — Est passible des mêmes peines ou de l'une de ces deux peines seulement :

Tout individu apportant des entraves à l'exercice, par les fonctionnaires désignés à cet effet, de la surveillance et du contrôle du travail indigène prévu par le présent texte et d'une manière générale par la réglementation en vigueur dans la Colonie.

Tout indigène convaincu de s'être servi sciemment d'un contrat de travail dans lequel il n'est pas partie ou de pièces d'identité ne lui appartenant pas, sans préjudice des autres peines de droit commun qui pourraient être encourues ;

Tout individu qui se sera substitué clandestinement à la personne des travailleurs ou qui aura provoqué ou facilité ces substitutions ;

Tout employeur qui aura passé ou tenté de passer un contrat de travail avec un indigène déjà lié à un autre employeur par contrat de travail, à moins qu'il ne soit prouvé que cette dernière circonstance lui était inconnue ;

Tout indigène encore lié par un contrat de travail qui se sera engagé ou aura tenté de s'engager au service d'un autre employeur ;

Quiconque à l'aide de menaces, violences, dons, promesses, manœuvres frauduleuses ou dolosives aura déterminé ou fait déterminer un ou plusieurs indigènes engagés comme travailleurs à abandonner, pendant le cours de leur engagement, l'exploitation, le chantier, l'atelier ou le service auquel ils étaient attachés ;

Quiconque à l'aide de menaces, violences, dons, promesses, manœuvres frauduleuses ou dolosives aura exploité ou fait exploiter la bonne foi d'un ou plusieurs travailleurs indigènes, en vue soit de les amener à contracter des engagements, soit, au contraire, de les détourner de contracter des engagements de travail, sans préjudice des autres peines de droit commun qui pourraient être encourues de ce chef.

ART. 56. — L'article 463 du code pénal est applicable aux infractions susvisés.

VIII

Conseils d'arbitrage

Art. 57. — Les conseils d'arbitrage connaissent des contestations individuelles ou collectives entre les ouvriers ou employés indigènes et leurs employeurs, relatives aux conventions réglementant les rapports des employeurs et des indigènes employés ou ouvriers, que ces conventions soient contenues dans un contrat ou qu'elles résultent d'un engagement verbal ou de l'usage des lieux.

Art. 58. — Les conseils d'arbitrage sont institués dans les chefs-lieux de district; ils siègent au chef-lieu, et leur compétence est limitée, en principe, au territoire du district. Toutefois, en cas de nécessité, des arrêtés du Gouverneur Général, pris en conseil d'administration, pourront réunir deux ou plusieurs districts qui seront soumis à la juridiction du même conseil d'arbitrage.

Les conseils d'arbitrage sont créés ou supprimés par arrêté du Gouverneur Général, pris en conseil d'administration.

Art. 59. — Le conseil d'arbitrage est composé :

1° Du chef de district président, et, en cas d'absence ou d'empêchement, d'un fonctionnaire désigné d'une manière permanente par arrêté du Gouverneur Général, sur la proposition du procureur général ;

2° D'un colon français, assesseur ;

3° D'un indigène, assesseur ;

De quatre assesseurs suppléants (deux colons français et deux indigènes) appelés à siéger en cas d'absence, d'empêchement ou de récusation des assesseurs titulaires.

Un fonctionnaire désigné par le président est attaché au conseil en qualité de secrétaire.

Toutefois, lorsque cela sera possible, le conseil d'arbitrage pourra être présidé par un magistrat désigné par arrêté du Gouverneur Général, sur la proposition du procureur général.

Le président absent, malade, ou empêché, ou en qui se rencontrera soit la cause d'incompatibilité pour parenté et alliance de l'article 63 de la loi du 20 avril 1810 ou la cause de récusation des articles 378 et suivants du code de procédure civile, sera remplacé par un magistrat ou un fonctionnaire désigné pour la connaissance de ces affaires par arrêté du Gouverneur Général.

Art. 60. — Les assesseurs français, titulaires ou suppléants sont élus à la majorité des voix par la chambre consultative du ressort. Ils devront justifier de la possession de leurs droits civils et politiques avant la première audience, auprès du président. Cette justification, certifiée par le président et le procès-verbal de la chambre consultative où il a été procédé à l'élection sont inscrits sur le registre du conseil en tête des délibérations.

A défaut de désignation par la chambre consultative, les assesseurs français sont désignés par le président du tribunal de première instance ou le juge de paix à compétence étendue à la juridiction duquel ressortit le district.

L'ordonnance du juge est inscrite sur le registre des délibérations.

Les assesseurs indigènes titulaires et suppléants sont nommés par arrêté du Gouverneur Général, sur la proposition du procureur général. Ils son choisis sur une liste dressée par le chef de district et comprenant cinq noms d'indigènes qualifiés, âgés de vingt-cinq ans au moins, choisis autant que possible parmi les assesseurs près les tribunaux indigènes.

La durée du mandat des assesseurs européens et indigènes, titulaires et suppléants, est fixée à quatre ans.

Art. 61. — Les assesseurs européens et indigènes et leurs suppléants devront prêter serment entre les mains du président; ils pourront, s'ils n'ont pas leur domicile au chef-lieu du district, prêter serment par écrit.

Art. 62. — Les fonctions d'assesseurs titulaires et suppléants des conseils d'arbitrage sont gratuites. Toutefois, les assesseurs résidant à plus de 2 kilomètres du chef-lieu de district, siège du conseil, auront droit aux moyens de transport, ou à une indemnité représentative des frais de voyage, fixée par arrêté du Gouverneur Général.

Art. 63. — Tout assesseur d'un conseil d'arbitrage qui, sans motifs légitimes et après mise en demeure, se refuserait à remplir le service auquel il est appelé, peut être déclaré démissionnaire par le tribunal de première instance ou la justice de paix à compétence étendue du ressort, sur le vu d'un procès-verbal établi par le président du conseil d'arbitrage et constatant le refus de service. L'intéressé doit être entendu dans ses explications écrites ou verbales.

En cas d'impossibilité soit de constitution soit de fonctionnement du conseil d'arbitrage, par suite du refus de siéger opposé par les assesseurs, le juge de paix sera compétent.

Art. 64. — Tout assesseur qui aura gravement manqué à ses devoirs dans l'exercice de ses fonctions, sera appelé devant le tribunal de première instance ou la justice de paix à compétence étendue, pour s'expliquer sur les faits qui lui sont reprochés.

L'initiative de cet appel appartient au président du conseil d'arbitrage et au procureur général. L'intéressé, s'il ne peut se déplacer, pourra fournir toutes explications écrites. Dans le délai d'un mois à dater de la convocation, le procès-verbal de la séance de la comparution est adressé par le président du tribunal au procureur général, qui le transmet au Gouverneur Général. Les peines ci-après peuvent être prononcées, suivant le cas :

La censure, la suspension pour un temps qui ne peut excéder six mois, la déchéance.

Art. 65. — La censure et la suspension sont prononcées par arrêté du Gouverneur Général, après avis du procureur général. La déchéance est prononcée par arrêté du Gouverneur Général en conseil d'administration.

Art. 66. — Tout assesseur qui refuse de siéger, qui donne sa démission ou est déclaré démissionnaire en vertu de l'article 63, ne peut être réélu avant le délai de cinq ans à partir de son refus, de sa démission ou de la décision du tribunal qui le déclare démissionnaire.

Art. 67. — Tout assesseur dont la déchéance a été prononcée ne peut plus être réélu aux mêmes fonctions.

Art. 68. — Le conseil d'arbitrage compétent est celui du lieu de l'exécution du contrat de travail.

Art. 69. — L'action est introduite par une simple lettre de la partie demanderesse adressée au président du conseil d'arbitrage. Cette lettre est rédigée en français ou en malgache. Il en est délivré reçu. Un récépissé postal de la lettre d'envoi peut tenir lieu de reçu.

La lettre de la partie demanderesse doit, afin de pouvoir saisir le conseil d'abitrage, exposer au moins sommairement l'objet de la demande et les moyens à l'appui.

Art. 70. — Dans les deux jours à dater de la réception de la demande, jours fériés non compris, le président cite les parties dans un délai ne pouvant excéder douze jours. La citation est valablement faite par lettre recommandée, par le ministère de tout agent de la force publique ou par un fonctionnaire de l'administration civile, commis à cet effet par le président. La citation, ou la lettre qui en tient lieu, doit contenir la date des jour, mois et an, les nom et profession du demandeur, l'indication de l'objet de la demande, les jour et heure de la comparution.

Copie de la lettre du demandeur est adressée à la partie adverse avec la citation. La citation sera faite à personne ou domicile ; ce domicile sera, pour l'employeur, le siège de son exploitation, et, pour l'indigène, le bureau ou domicile du mpiadidy ou chef de village dans le territoire duquel se trouve l'exploitation.

Art. 71. — Les parties sont tenues de se rendre en personne, au jour et à l'heure fixés, devant le conseil d'arbitrage. Elles peuvent se faire représenter par un mandataire dûment autorisé.

Art. 72. — Si, au jour fixé par lettre de convocation, le demandeur ne comparaît pas, la cause est rayée du rôle et ne peut être reprise qu'une seule fois et selon les formes imparties pour la demande primitive, à peine de déchéance.

Si le défendeur ne comparaît pas, défaut sera donné contre lui et le tribunal statuera sur le mérite de la demande.

Art. 73. — Si les parties comparaissent, le tribunal tentera de les concilier. En cas d'accord des parties, un procès-verbal est rédigé séance tenante, qui consacre le règlement à l'amiable du litige. Le procès-verbal de conciliation a valeur authentique, et, pour les obligations qui peuvent y être contenues, force exécutoire. Dans ce cas, l'exécution en est poursuivie comme en matière de jugement.

Art. 74. — Au cas de non-conciliation, le conseil d'arbitrage devra retenir l'affaire ; il procédera immédiatement à son examen ; aucun renvoi ne pourra être prononcé ; mais le tribunal pourra toujours, par jugement motivé, prescrire toutes enquêtes, descentes sur les lieux, et toutes mesures d'information quelconques, notamment par l'intermédiaire des inspecteurs du travail.

Art. 75. — L'audience est publique.

Le président dirige les débats, interroge et confronte les parties, fait comparaître à sa discrétion les témoins cités à la diligence des parties ou par lui-même, dans les formes indiquées à l'article 70, procède à tous constats ou expertises.

La police de la salle d'audience et des débats appartient au président, qui est revêtu des pouvoirs attribués aux juges de paix par les articles 11 et 12 du code de procédure civile.

Art. 76. — Le conseil, en cas d'absence, d'empêchement ou de refus d'autorisation du mari, peut autoriser la femme mariée à se concilier, à demander ou à défendre devant lui.

Art. 77. — Les assesseurs du conseil d'arbitrage peuvent être récusés :

1° Quand ils ont un intérêt personnel à la contestation ;

2° Quand ils sont parents ou alliés de l'une des parties jusqu'au sixième degré inclusivement ;

3° Si, dans l'année qui a précédé la récusation, il y a eu procès criminel ou civil entre eux et l'une des parties ou son conjoint et allié en ligne directe ;

4° S'ils sont patrons, ouvriers ou employés de l'une des parties en cause.

La récusation sera formée avant tout débat. Le conseil statuera immédiatement. Si la demande en récusation est rejetée, il est passé outre au débat ; si elle est admise, l'affaire est renvoyée à la prochaine séance, où siègeront le ou les assesseurs suppléants.

Art. 78. — Les débats clos, le conseil délibère immédiatement en secret. Le jugement est rédigé sur l'heure et l'audience reprise pour sa lecture ; il devra être motivé.

Art. 79. — La minute du jugement est transcrite par le secrétaire sur le registre du conseil. Elle est signée par le président et le secrétaire.

Art. 80. — La procédure devant le conseil d'arbitrage est gratuite.

Les frais d'enquête, d'expertise, d'expéditions du jugement, de transport des assesseurs, les indemnités de déplacement qui pourraient être allouées aux témoins entendus sont fixés par arrêté du Gouverneur Général.

Les citations, procès-verbaux d'enquête, expéditions de jugement sont dispensés de tout droit de timbre et d'enregistrement.

Art. 81. — Le jugement est exécutoire, sauf appel, huit jours après le prononcé du jugement en audience publique, jours fériés non compris. Le jugement peut ordonner l'exécution immédiate nonobstant opposition ou appel et par provision avec dispense de caution jusqu'à concurrence de 300 francs. Pour le surplus, l'exécution provisoire peut être ordonnée par la charge de fournir caution.

Copie du jugement, signée par le secrétaire, doit être remise aux parties sur demande. Mention de cette délivrance, de sa date et de son heure est faite par le secrétaire en marge du jugement.

Art. 82. — L'exécution des condamnations est poursuivie à la requête du secrétaire du conseil dans le délai de huit jours du prononcé du jugement.

Art. 83. — La non-exécution par l'indigène des obligations pécuniaires ou en nature résultant d'un jugement du conseil d'arbitrage le rend passible de la contrainte par corps pour une durée qui n'excédera par un mois et qui, dans les cas où le conseil estimera nécessaire de l'appliquer, sera fixée par lui dans le prononcé du jugement. Cette non-exécution est constatée par le ministère d'un agent de la force publique ou fonctionnaire de l'administration commis par le président sur simple requête de la partie bénéficiaire.

La prise de corps est ensuite ordonnée par le président, à moins que l'employeur ne déclare expressément y renoncer. Les frais de contrainte par corps sont supportés par la Colonie.

Art. 84. — L'assistance judiciaire est accordée de plein droit aux indigènes pour l'exécution des décisions tendant à réparations civiles prononcées à leur profit contre leurs employeurs. A cet effet, en cas de non-payement, une expédition de la décision définitive, dûment revêtue de la formule exécutoire, sera envoyée par les soins du secrétaire du conseil d'arbitrage à l'huissier commis qui accomplira tous actes de procédure nécessaires pour parvenir au payement.

L'huissier sera désigné par la décision qui statuera en dernier ressort. En cas d'omission, il sera nommé par simple ordonnance du président de la juridiction qui a statué définitivement. En cas d'absence ou d'empêchement quelconque de l'huissier commis, il sera pourvu à son remplacement de la manière ci-dessus indiquée.

Les frais de poursuite ainsi exposés seront toujours remboursés par la partie qui aura succombé.

Art. 85. — Indépendamment des condamnations civiles, les conseils d'arbitrage pourront appliquer à l'employé indigène, mais en cas seulement de rupture brusque et injustifiée du contrat, les peines de un à cinq jours de détention et de 1 à 15 francs d'amende ou l'une de ces deux peines seulement.

La détention aura un caractère disciplinaire et sera subie dans les locaux réservés aux détenus administratifs.

Ces dispositions seront exécutées par les soins de l'autorité administrative, sur le vu d'un extrait de la décision intervenue.

Si l'auteur de la rupture brusque et injustifiée du contrat est l'employeur, une amende de 1 à 300 francs pourra lui être appliquée, indépendamment des condamnations civiles.

Le recouvrement sera opéré par les soins du ministère public comme en matière de simple police.

Art. 86 — Les jugements du conseil d'arbitrage sont définitifs et sans appel lorsque le chiffre de la demande n'excède pas 500 francs en capital, quel que soit le nombre des demandeurs ou des défendeurs.

Au-dessus de 500 francs les jugements sont susceptibles d'appel devant la justice de paix à compétence étendue ou le tribunal de première instance ; de même, quel que soit le chiffre de la demande, il pourra toujours être fait appel de la partie de la décision ayant prononcé les sanctions prévues à l'article 85. Le taux des demandes reconventionnelles est sans effet sur la compétence.

Art. 87. — L'appel est interjeté dans les formes indiquées à l'article 69 et dans les huit jours qui suivent la lecture du jugement. Il est fait entre les mains du président ou du secrétaire du conseil.

L'appel est transmis par le président, son suppléant ou, à défaut, le secrétaire du conseil, dans la huitaine de la déclaration d'appel, à la justice de paix à compétence étendue ou au tribunal de première instance du ressort, avec une expédition du jugement et des lettres déposées par les parties en première instance et en appel.

Mention de l'appel est faite par le secrétaire en marge du jugement.

Le tribunal d'appel juge sur pièces. Le jugement est rendu obligatoirement dans le mois de l'arrivée des pièces au tribunal d'appel.

Art. 88. — Si le défendeur fait défaut en première instance, il est passé outre, comme il est dit à l'article 72.

Signification du jugement est faite, dans les formes de l'article 70, sans frais, à la partie défaillante, par le secrétaire du conseil ou par un agent de l'administration commis spécialement à cet effet par le président.

Si, dans les huit jours après la signification, le défaillant ne fait pas opposition au jugement, dans les formes prescrites à l'article 69, le jugement est immédiatement exécutoire. Sur opposition, le président convoque à nouveau les parties, comme il est dit à l'article 70 ; le nouveau jugement, nonobstant tout défaut, est immédiatement exécutoire.

ART. 89. — Les conseils d'arbitrage sont sous la surveillance directe du procureur général. Après chaque audience, les notices lui sont adressées par le président du conseil d'arbitrage, ou, à défaut, par le secrétaire.

Le procureur général a, dans tous les cas, le droit d'interjeter appel de toute décision rendue et dans un délai d'un mois, à dater du jour de la réception des notices au parquet général. Cet appel est adressé par simple lettre au président de la juridiction dont émane la décision attaquée.

ART. 90. — Le Gouverneur Général pourra, par arrêté pris en conseil d'administration, réglementer la procédure, et, généralement, prendre toutes les mesures complémentaires en vue d'assurer le fonctionnement des conseils d'arbitrage et l'exécution de leurs décisions.

ART. 91. — Sont abrogées toutes dispositions contraires au présent décret, et, notamment, le décret du 10 juin 1921, portant réorganisation des conseils d'arbitrage du travail indigène à Madagascar.

ART. 92. — Le ministre des colonies et le garde des sceaux, ministre de la justice, sont chargés chacun en ce qui le concerne, de l'exécution du présent décret.

Fait à Rambouillet, le 22 septembre 1925.

GASTON DOUMERGUE.

Par le Président de la République :

Le ministre des colonies,

ANDRÉ HESSE.

Le garde des sceaux, ministre de la justice,

T. STEEG.

ARRÊTÉ

fixant les tarifs prévus par l'article 80 du décret du 22 septembre 1925, réglementant le travail indigène à Madagascar

---

Le Gouverneur Général de Madagascar et Dépendances, commandeur de la Légion d'honneur,

Vu les décrets des 11 décembre 1895 et 30 juillet 1897 ;

Vu le décret du 22 septembre 1925 réorganisant les conseils d'arbitrage du travail indigène à Madagascar, et notamment l'article 80 relatif à la procédure devant les conseils d'arbitrage,

Arrête :

ART. 1er. — Les frais prévus pour les opérations énumérées au § 2 de l'article 80 du décret susvisé du 22 septembre 1925 sont ceux prévus par les tarifs en matière criminelle en vigueur dans la Colonie.

ART. 2. — M. le procureur général, chef du service judiciaire, est chargé de l'exécution du présent arrêté, qui sera inséré au *Journal Officiel* de la Colonie et publié ou communiqué partout où besoin sera.

Tananarive, le 30 décembre 1925.

M. OLIVIER.

ARRÊTÉ
fixant le modèle du livret de travail et registre de l'employeur prévus par le décret du 22 septembre 1925

Le Gouverneur Général de Madagascar et Dépendances, commandeur de la Légion d'honneur,

Vu les décrets des 11 décembre 1895 et 30 juillet 1897 ;

Vu les articles 36 et 42 du décret du 22 septembre 1925, portant réglementation d: travail indigène dans la colonie de Madagascar et Dépendances,

Arrête :

Art. 1er. — Le livret de travail de l'engagé prévu à l'article 36 du décret susvisé et le registre à tenir par l'employeur, en exécution de l'article 42 du même texte, devront être conformes aux modèles ci-annexés.

Art. 2. — MM. le secrétaire général et les chefs de circonscription sont chargés, chacun en ce qui le concerne, de l'exécution du présent arrêté, qui sera inséré au *Journal Officiel* de la Colonie et publié ou communiqué partout où besoin sera.

Tananarive, le 30 décembre 1925.

M. OLIVIER.

REGISTRE DE L'EMPLOYEUR

(Article 42 du décret du 22 septembre 1925)

NUMÉRO D'ORDRE	NOM ET PRÉNOMS des ouvriers	NUMÉROS ET DATE du contrat visé ou numéros du rôle de la taxe personnelle et domicile	JOURNÉES DE TRAVAIL OU D'ABSENCE (1)																			TOTAL DES JOURNÉES			TAUX du salaire	SOMME à payer	AVANCES FAITES		ACOMPTES PAYÉS		RETENUES À EFFECTUER pour			SOMME payée	NOMBRE de rations délivrées	OBSERVATIONS
			1	2	3	4	5	6	7	8	9	10	11	12	13	14	…	27	28	29	30	31	de travail	d'absence régulière	d'absence irrégulière			Date	Montant	Date	Montant	avances ou acomptes	absences	impôts			

(1) Indiquer par le signe + la journée de travail effectuée, par | la 1/2 journée, par A l'absence autorisée par l'employeur, par I l'indisponibilité pour cause d'accident ou celle résultant d'un cas de force majeure et par ● l'absence irrégulière de maladie, par T l'indisponibilité causée par le travail, par C l'absence provoquée par une convocation de l'autorité, par P celle due à l'exécution des prestations, par M [...]

(Pages 1 et 2)

COLONIE DE MADAGASCAR ET DÉPENDANCES

Province d..

District d..

N° 000.000

LIVRET DE TRAVAIL
Article 36 du décret du 22 septembre 1925
KARATRY NY MPIASA

Appartenant à...
An-dR

Au service de ....
Miasa amin-dR

(Page 3)

Nom et prénoms du détenteur : ....
Anarana sy fanampin' anarana

....

Fils de ....
Zana-dR

Né à ....
Teraka tao

le ....
tamin' ny

Profession ....
Raharaha

Domicile / Fonenana {
Province ....

District ....

Canton ....

Village ....
}

Photographie ou empreinte digitale.
Sary na mariky ny ran-tsan-tànana.

SIGNALEMENT :
Taille (halavany) : ....
Cheveux (ny volony) :

Signes particuliers :
Marika manokana amin' ny te-nany

Nº du livret d'identité : ....
Nº ny karatra isan-dahy

Nom et prénoms de l'employeur : ....
Anarana sy fanampin' anaran' ny mpampiasa

....

Nationalité : ....   Profession : ....
Fireneny   Raharahany

Domicile : ....
Fonenana

(Page 4)

CLAUSES DU CONTRAT

FOTOPOTOTRY NY FANEKENA

Nature du travail : ....
Karazan' asa atao

Lieu où s'effectue
le travail
Toerana iasana

- Province ....
- District ....
- Canton ....
- Localité
  ou endroit } ....

Durée du travail : ....
Fahelan' ny fotoana iasana

Durée de l'engagement : ....
Fahelan' ny fanekena

Date à compter de laquelle il part : ....
Datin' andro iantombohan' ny fanekena

Montant de la prime d'engagement : ....
Vola omena amin' ny fanaovana fanekena

Montant des avances faites au moment de l'engagement : ....
Vola omena mialoha amin' ny fotoana anaovana fanekena

Taux du salaire : ....
Karama

Epoque et lieux de payement : ....
Fotoana sy toerana an-doavam-bola

....

Nature et quotité de la ration allouée : ....
Karazana sy habetsahan' ny sakafo omena azy

....

(Page 5)

Nature et nombre annuel de vêtements : ....
Fitaliana (karazany sy isany isan-taona)

....

Conditions de logement : ....
Fepetra momba ny trano itoerana

....

Mode d'acheminement sur les lieux du travail. Vatsy de route :
Fomba fandefasana ny mpiasa ho any amin' ny tany iasany. Vatsy eny an-dàlana

....

Clauses spéciales : ....
Fepetra manokana

....

Résultats de la visite médicale et vaccinations opérées : ....
Vokatry ny fizahan' ny dokotera ary vakisinina natao

....

Signature des parties :
Sonian'ny mpifanaiky

Enregistré sous N° .... et certifié l'accomplissement des formá-
lités prévues à l'article 36 du décret du 22 septembre 1925.
Voasoratra ao amin' ny registre N° .... ary voamarina ny fanatanterahana ny fepetra
voalazan' ny article faha-36 amin' ny décret tamin' ny 22 septembre 1925.

Le président de l'office du travail (ou le chef du district)

d ....

Ny président ny office du travail (na ny chef du district)

FEUILLE D'ATTACHEMENT

MOIS	1	2	3	4	5	6	7	8	9	10	11	12	13	14	15	16	17	18	19	20	21	22	23	24	25	26	27	28	29	30	31	TOTAUX
Janvier.... Acomptes																																
Février.... Acomptes																																
Mars...... Acomptes																																
Avril...... Acomptes																																
Mai....... Acomptes																																
Juin ...... Acomptes																																
Juillet..... Acomptes																																
Août...... Acomptes																																
Septembre. Acomptes																																
Octobre ... Acomptes																																
Novembre. Acomptes																																
Décembre. Acomptes																																

Indiquer par le signe + la journée de travail effectuée, par | la demie-journée, par A l'absence autorisée par I l'employeur, par l'indisponibilité pour cause d'accident ou de maladie, par I T l'indisponibilité causée par le travail, par C l'absence provoquée par une convocation de l'autorité, par P celle due a l'exécution des prestations, par F M celle résultant d'un cas de force majeure et par ● l'absence irrégulière.

Salaires mensuels payés à ....

Karama isam-bolana omena an-dR

	PREMIÈRE ANNÉE	SIGNATURE DE LA PARTIE PAYANTE	DEUXIÈME ANNÉE	SIGNATURE DE LA PARTIE PAYANTE	TROISIÈME ANNÉE	SIGNATURE DE LA PARTIE PAYANTE
Janvier...............						
Février...............						
Mars...............						
Avril...............						
Mai...............						
Juin...............						
Juillet...............						
Août...............						
Septembre...............						
Octobre...............						
Novembre...............						
Décembre...............						

(Page 14)

RETENUES POUR AVANCES

DATES	MONTANT	DATES	MONTANT

(Page 15)

RETENUES POUR IMPOTS

DATES	MONTANT	TOTAUX

(Page 16)

MENTIONS PARTICULIÈRES

ARRÊTÉ

nommant M. l'administrateur en chef Chardon, inspecteur du
travail

Le Gouverneur Général de Madagascar et Dépendances, commandeur de
la Légion d'honneur,

Vu les décrets des 11 décembre 1893 et 30 juillet 1897 ;

Vu l'article 16 du décret du 22 septembre 1925 créant une inspection du travail
dans la colonie de Madagascar et Dépendances ;

Vu l'arrêté du 30 décembre 1925 promulguant dans la Colonie le décret du 22
septembre 1925 créant une inspection du travail dans la colonie de Madagascar et
Dépendances,

Arrête :

ART. 1er. — Est nommé inspecteur du travail à Madagascar, M. Chardon,
administrateur en chef des colonies.

ART. 2. — Le présent arrêté sera publié au *Journal Officiel* de la Colonie
et communiqué partout où besoin sera.

Tananarive, le 30 décembre 1925.

M. OLIVIER.

DÉCISION

fixant : 1º la quote-part de la taxe d'A. M. I. à allouer à titre de
subvention aux entreprises publiques ou privées pourvues
d'un service médical, conformément aux dispositions du
décret du 22 septembre 1925 ; 2' la nomenclature des médicaments dont ces entreprises doivent être approvision-
nées.

Le Gouverneur Général de Madagascar et Dépendances, commandeur de la
Légion d'honneur,

Vu les décrets de 11 décembre 1895 et 30 juillet 1897 ;

Vu le décret du 22 septembre 1925 portant réglementation du travail indigène dans
a colonie de Madagascar et Dépendances, articles 32 et 33 ;

Sur la proposition de M. le directeur du service de santé et de l'A. M I.,

Décide :

Art. 1er. — Les entreprises employant au moins 100 travailleurs et dési-
gnées à l'article 32 du décret du 22 septembre 1925 recevront une subvention
égale :

1º Au 1/4 des versements effectués dans l'année au titre de la taxe d'A. M. I.
si elles possèdent un médecin indigène diplômé de l'école de médecine de
Tananarive ;

2º Au 1/5e de ces versements si elles possèdent un infirmier ;

3º Au 1/8e de ces versements si elles ne disposent que d'une pharmacie.

Art. 2. — Ces entreprises devront être pourvues des médicaments ci-après
indiqués :

1º *Entreprises possédant un médecin indigène*

Médicaments énumérés par l'annexe nº 2 à l'arrêté du 24 mars 1917
réglementant les obligations des médecins et sages-femmes libres.

2º *Entreprises possédant un infirmier*

Médicaments énumérés par l'arrêté du 18 mai 1923 concernant les dépôts
de médicaments est fixant les conditions dans lesquelles ils pourront être autorisés dans la Colonie.

3° *Entreprises ne comport nt qu'une pharmacie*

Médicaments suivants :

Emplâtre de Vigo.....................	2 boîtes	
Chlorhydrate de quinine en comprimés de 25 cg., 200 gr. ou 500 gr. ou plus, suivant les régions.		
Sulfate de soude....................	3 kg.	
Permanganate de potasse (en paquets de 25 cg.).........................	200 gr.	Ces quantités sont doublées pour les chantiers comptant plus de 500 hommes.
Sous-nitrate de bismuth....	100 gr.	
Teinture d'iode.....................	400 gr.	
Alcool camphré.....................	250 gr.	
Pommade d'Helmerich (peut être remplacée en cas d'urgence par du pétrole)	1 kg.	Les étiquettes devront indiquer le nom du médicament et le mode d'emploi.
Antipyrine (en paquets de 0,50)......	50 gr.	
Iodure de potassium.................	200 à 500 gr.	
Compresses moyennes...............	4 paquets	
Bandes de 5 × 5....................	6 paquets	
Coton hydrophile...................	500 gr. à 1 kg.	
Coton cordé.......................	1 kg.	
Thermomètre médical...............	1	
Ciseaux droits.....................	1 paire	

ART. 3. — MM. le gouverneur des colonies, secrétaire général du gouvernement général, les directeurs des finances et de la comptabilité et de l'assistance médicale indigène sont chargés, chacun en ce qui le concerne, de l'exécution de la présente décision.

Tananarive, le 30 décembre 1925.

M. OLIVIER.

CIRCULAIRE

à MM. le Directeur des Travaux Publics, le Directeur de l'Assistance Médicale Indigène, les Inspecteurs du travail et de l'Administrateur Supérieur des Comores, les Chefs de Province et de District.

Le *Journal Officiel* de ce jour publie le décret du 22 septembre 1925 réglementant le travail indigène à Madagascar. La promulgation de ce texte est, pour moi, une occasion particulièrement favorable de vous exposer mes vues sur cette question essentielle. Celle-ci, mieux que quiconque vous le savez, a toujours valu à l'administration comme à la colonisation les plus sérieuses difficultés. Elle a de tous temps, en ce pays, provoqué les plus ardentes controverses, les discussions les plus passionnées et parfois les plus âpres critiques.

A vrai dire, mes vues, mes idées, mes directives vous les connaissez déjà. Je les ai développées en maintes occasions, notamment au cours de la conférence à laquelle je vous avais assemblés au début de cette année. Il n'est cependant pas inutile que je les rappelle encore, en même temps que je vous donnerai mes instructions sur l'application des termes même du décret.

L'objet essentiel de ce texte est de préciser la nature des rapports qui doivent exister entre employeurs et employés, de fixer leurs obligations réciproques, de prévoir les garanties qui sont nécessaires aussi bien aux uns qu'aux autres.

Assurément, des dispositions réglementaires ne possèdent pas une vertu créatrice. Elles ne vont pas apporter la solution d'un problème fait de tant d'éléments. En particulier, elles ne feront pas surgir du sol une armée de travailleurs dont, seule, la présence pourrait mettre fin à nos préocupations et à nos difficultés. Mais, si elles sont appliquées dans l'esprit qui a présidé à leur élaboration, dans celui qui les a fait unanimement approuver par les représentants de la colonisation et des indigènes, un grand pas sera fait dans la voie d'une association active et confiante des éléments en présence, sans laquelle toute entreprise court ici le risque de demeurer vaine.

Madagascar, chacun le sait — et parfois le dit un peu trop — pâtit, plus particulièrement en ce moment, d'une crise grave de main-d'œuvre. Son développement en souffre. Bien que les causes de cette crise soient généralement connues, il est nécessaire d'en indiquer ici les plus sérieuses. Il sera peut-être possible, les connaissant bien, de trouver quelque atténuation à leurs effets.

*
* *

La raison fondamentale essentielle de cet état de choses, réside dans la faible densité d'une population très inégalement répartie, dont la moyenne atteint à peine 6 habitants au kilomètre carré. A cette cause profonde, dont l'énoncé seul pose le problème dans toute sa gravité, s'ajoute la surprenante apathie de nombreuses peuplades de la Grande Ile, le poids d'un atavisme d'indolence, rendue possible par les incessantes générosités d'une nature prodigue, l'absence de besoins, l'amour de la liberté, l'incompréhension pour beaucoup de la nécessité du travail et, pour presque tous, une sorte d'aversion pour le travail salarié.

A la vérité, il serait à la fois excessif et injuste de dire que nous avons affaire à des populations dans leur totalité fonciérement paresseuses, ainsi que le prétendent certains. Ce serait nier l'évidence que de ne pas reconnaître le labeur, à la fois ingénieux et obstiné, que fournissent certaines races des Hauts-Plateaux, pour poursuivre leurs cultures, dans une région au climat rude et au sol rebelle. Mais ce serait aussi nier l'évidence que de ne pas se rendre compte que la plupart des populations côtières ont pour le travail une répugnance rédhibitoire, et qu'elles limitent la plupart du temps leur effort à celui strictement indispensable pour assurer leur alimentation. Elles préfèrent souvent vivre misérablement de fruits et de racines plutôt que de chercher à se procurer une nourriture plus substantielle au prix de quelques journées de travail.

Cette distinction faite, il importe de retenir que, quelles qu'elles soient, les populations de l'Ile n'acceptent qu'avec répugnance la notion du travail salarié, sans l'apport duquel la mise en valeur de la Colonie ne saurait, pour le moment, se concevoir. Leur esprit, accoutumé depuis de longs siècles à suivre les seules inspirations de leur fantaisie, ne se plie pas volontiers aux contraintes de régularité, d'exactitude, de discipline, sans l'observation desquelles nous n'imaginons pas sur nos chantiers ou sur nos exploitations de travail sérieux. Il y a là un fait sociologique de grande importance que l'on perd trop souvent de vue. Il convient, cependant, de l'étudier de très près pour pouvoir réaliser des méthodes de travail tenant compte de la mentalité atavique des indigènes.

La situation économique actuelle qui vaut à Madagascar une prospérité autrefois inconnue, est venue accroître encore les difficultés dues aux causes profondes que je viens d'indiquer. Les produits du sol ont acquis une telle valeur qu'il s'en est suivi une évidente disproportion entre les salaires d'une part et les revenus du travail personnel d'autre part. Le résultat est qu'un très grand nombre d'indigènes ont abandonné les chantiers ou les entreprises sur lesquels ils étaient autrefois employés et se sont mis à travailler pour leur propre compte. Le nombre des ouvriers disponibles s'est ainsi réduit dans d'importantes proportions, au moment même où l'appel des employeurs se faisait plus pressant, par suite de l'extension des exploitations agricoles et de la création d'industries nouvelles.

*
* *

Ces causes diverses nous valent la crise dont nous souffrons.

Quelle doit être l'attitude de l'autorité administrative en présence de cette situation ? Quel est son devoir ? dans quelle mesure doit-elle et peut-elle intervenir ?

Il s'agit, en somme, dans un pays immense, insuffisamment peuplé, en voie de développement rapide, d'obtenir d'une population généralement indolente, peu accoutumée au travail régulier, un effort suffisant pour faire face à ce développement et même pour en accélérer l'allure.

Assurément, le problème n'est pas aisé à résoudre. Il suffit même de le poser pour en mesurer les difficultés. Mais cependant, nous ne serons peut-être pas loin de les vaincre ou, tout au moins, de les grandement atténuer si chacun y met du sien : l'administration par une action persévérante et tenace, la colonisation par une libérale compréhension de ses devoirs vis-à-vis des travailleurs, par leur utilisation judicieuse, par l'industrialisation de ses méthodes, les indigènes en cessant de penser que la nature suffit à pourvoir à leurs besoins et en se mettant résolument au labeur.

L'action administrative devra donc en premier lieu se faire sentir et, tout d'abord, par la parole : le *leit motiv* de chacun de vos « kabary », au cours de chacune de vos tournées, doit être de proclamer la nécessité du travail.

Un homme n'a jamais le droit de ne rien faire. Il a des devoirs vis-à-vis de lui-même, vis-à-vis de sa famille, vis-à-vis de la collectivité toute entière. Le plus pressant, c'est de s'alimenter convenablement ainsi que les siens, c'est de sortir de cet état de vie ralentie dans lequel beaucoup trop se complaisent et s'attardent, c'est de cesser de vivre en parasite de la collectivité, au progrès et au développement de laquelle il a le devoir de contribuer par son effort, de quelque nature qu'il soit ; c'est, en un mot, de se plier à cette inexorable loi dont l'observation seule lui permettra de s'élever dans la hiérarchie sociale et humaine.

Il faut donc, à toute occasion, prêcher le travail. Que faire si vous n'êtes pas écoutés, si, à côté des villages, vous voyez de vastes et fertiles étendues en friche, si, dans ces forêts presque impénétrables de l'Est vous retrouvez les mêmes clans vivant de fruits et de racines, alors que quelques journées consacrées aux terres fécondes des savanes et des clairières leur permettraient de se procurer une nourriture substantielle empêchant leur race de crouler dans une dégénerescence lamentable, si les pasteurs du Sud et de l'Ouest, au lieu de partager leur temps entre leurs sports favoris, la lutte et les vols de bœufs, n'ont pas cultivé une petite partie de leurs immenses terrains de parcours ?

Plusieurs remèdes peuvent être appliqués : l'un d'eux, parmi les plus efficaces, sera le relèvement de l'impôt qui, en ce cas, deviendra vraiment l'impôt moralisateur. A l'heure actuelle, les taxes en vigueur sont très en dessous des facultés contributives de la plupart des indigènes, notamment des agriculteurs : deux ou trois cents kilos de riz au cours actuel suffisent à payer et bien au-delà, l'impôt de toute une famille, et un hectare de terre, de qualité très moyenne, peut en produire deux tonnes. Il sera donc possible de relever le taux des contributions dans les régions où un laisser aller excessif persiste. Il vous appartiendra, en ce cas, de m'en faire la proposition.

Vous pouvez aussi intervenir directement : il existe des règlements en ce qui concerne notamment l'hygiène des habitations, la propreté des villages, l'obligation de vêtir les enfants etc., qui doivent être appliqués. Ils ne le sont certainement pas par des gens de cette sorte. Veillez strictement à leur observation. Décidez le plus grand nombre possible d'individus de sortir.

avec contrats d'engagement, des forêts où ils s'anémient et des régions sans eau du sol où ils dégénèrent. Vous ferez une œuvre salutaire à tous les points de vue.

Nous avons aussi dans un pays où tout, pour ainsi dire, est à créer, la possibilité d'obtenir la collaboration des collectivités pour l'exécution de travaux d'intérêt général, écoles, routes, ponts, adduction d'eau, puits, etc. Ce ne sera là ni du temps ni de la peine perdus. Le travail que les indigènes réfractaires à tout effort s'obstinent à ne pas vouloir effectuer pour leur propre compte, profitera ainsi à la masse.

*
* *

Les considérations qui précèdent vous auront démontré l'importance que j'attache à ce que vous mettiez en œuvre tous les moyens licites dont vous disposez pour amener les populations indigènes à participer au grand effort de travail et de production auquel doit s'astreindre l'humanité toute entière.

A l'égard de ceux qui, par leur exemple et par leur travail contribuent à la mise en valeur et au développement de la Colonie, qui n'ont pas craint d'y consacrer leurs forces et leurs capitaux, vous avez, en cette matière comme en toutes autres, sans vous transformer en agent de recrutement, ce qui n'est pas votre métier, un devoir d'assistance qui est parmi les plus essentiels de vos fonctions et sur lequel j'insiste tout particulièrement.

Votre action sera assurément différente lorsqu'il s'agira d'un colon consciencieux ou d'un autre. A l'entreprise sérieuse seule, vous devrez donner, en liaison étroite avec l'office régional, l'appui le plus large pour l'aider à se procurer, dans les régions où la chose est possible, la main-d'œuvre qui lui est nécessaire, et faciliter ses rapports et ses accords, soit avec les individus, soit avec les groupements. Mais, du fait même que vous aurez appuyé de votre autorité un recrutement de travailleurs, vous aurez pris l'engagement moral et formel de veiller de la façon la plus attentive sur la façon dont les ouvriers sont rétribués et traités. En aucun cas, ni vous ni les offices régionaux ne devrez intervenir d'une façon quelconque avant certitude que les salaires sont rémunérateurs et que l'engagiste offre toutes les garanties voulues. Vous aurez ensuite le devoir, et grâce au nouveau décret, le pouvoir et les moyens de vous assurer que tous les engagements et stipulations des contrats sont observés. A vos côtés, les inspecteurs du travail se trouveront pour appuyer votre action, qui devra être des plus vigilantes.

En un mot, lorsque l'office régional et vous serez certains d'être en présence d'un particulier ou d'une entreprise rétribuant convenablement ses ouvriers et les traitant bien, donnez leur tout votre appui, abstenez-vous au contraire, complètement de leur donner la moindre aide s'il s'agit d'employeurs qui ne sont pas dignes d'intérêt.

Puisque je suis sur le chapitre des rapports entre employeurs et employés, il est un point encore d'une portée générale sur lequel je désire tout particulièrement appeler votre attention. Il s'agit des brusques ruptures de contrat par les indigènes, actes délictuels devenus malheureusement de plus en plus fréquents. Je suis littéralement assailli en ce moment par les plaintes d'engagistes qui voient leurs ouvriers, recrutés à grand peine et à grands frais, disparaître parfois avant même d'avoir rejoint leur exploitation, emportant les avances reçues et les laissant dans le plus cruel embarras. C'est là une façon de procéder absolument intolérable et qu'il importe de réprimer sans faiblesse.

Usez pour cela des moyens encore restreints, je le reconnais, que le décret met à votre disposition. Je m'emploierai à les obtenir plus sérieux et p'us conformes aux nécessités d'un état de choses qui tend à s'aggraver.

Il est d'importance essentielle de mettre fin à ces détestables tendances sans quoi il en sera fini du respect des engagements, et les contrats ne seront plus que chiffons de papiers propres seulement à capter la confiance des employeurs et des avances de salaire. Autant, je vous demande de veiller attentivement sur les indigènes engagés, autant je vous invite à agir avec fermeté pour obtenir d'eux le respect de leurs engagements Ce point est essentiel.

*
* *

Après avoir exposé mes vues générales sur la question, je vais examiner à présent les dispositions essentielles du nouveau texte, afin qu'il ne subsiste, s'il est possible, aucune confusion quant à leur interprétation et à leur application.

Recrutement. — Le recrutement des travailleurs est, en principe, libre. Au cas, cependant, où des raisons d'ordre public, notamment l'existence d'une épidémie ou d'autres calamités, s'opposeraient à leur émigration hors de leurs régions de domicile, il vous appartiendrait de me soumettre des propositions motivées en vue de la suspension provisoire des opérations de recrutement.

Statut des travailleurs. — Il ressort de l'article 5 que les conditions générales inscrites au chapitre « Contrat de travail » ne s'appliquent obligatoirement qu'aux travailleurs permanents. L'article 4 spécifie, en outre, que sont seulement considérés comme travailleurs permanents, ceux qui louent leurs services pour une durée déterminée. Il résulte de ses dispositions et de l'esprit dans lequel il a été établi, que le décret vise spécialement les travailleurs manuels ; il exclut, au contraire, les contrats de louage d'ouvrage et d'industrie, les contrats de métayage. Afin de vous faciliter la solution des cas d'espèces qui pourraient se présenter, je reproduis ci-dessous les définitions données par M. Pic, professeur de législation industrielle à la faculté de droit de Lyon, dans son ouvrage sur la législation industrielle : « Est ouvrier au sens juridique du mot, quiconque exécute un travail manuel (vieux français manouvrier) sous la direction d'un patron ou de ses préposés, quelle que soit la nature de l'établissement dans lequel ce travail s'exerce, quel que soit également le taux ou le mode de paiement du salaire. Sont donc ouvriers ceux qui exercent un métier, c'est-à-dire un art mécanique ou manuel pour le compte d'autrui, ainsi que les individus embauchés comme auxiliaires pour un travail manuel simple ne comportant point d'apprentissage (hommes de peine, terrassiers, manœuvres, etc.). Quant au contremaître, il n'est, en définitive, qu'un chef ouvrier, préposé en raison de son habileté technique ou de son ancienneté, à l'exécution de certains travaux manuels à l'intérieur des établissements ; il demeure étranger à l'exploitation commerciale et ne saurait, par suite, être rangé dans la catégorie juridique des employés ». Il est, toutefois, bien entendu que cette distinction n'existe qu'en ce qui concerne la réglementation des contrats de travail, l'article 57 spécifiant, par ailleurs, expressément, que les litiges entre employeurs et ouvriers et employés relèvent des conseils d'arbitrage.

Office central et offices régionaux du travail. — En raison de l'importance donnée par le décret aux offices régionaux, je vous prie de me saisir d'urgence de vos propositions concernant la création de ces organismes. Sans vouloir vous donner des directives trop limitatives à cet égard, je vous recommande cependant de prévoir un office pour tout district où la question de la main-d'œuvre présente de l'importance.

Les articles 13 et 14 qui déterminent les attributions des offices, étant suffisamment détaillés, je peux me dispenser de les commenter. J'insisterai, toutefois, sur le rôle qui leur incombe conformément à l'article 14, en ce qui concerne le salaire. Vous remarquerez que si l'office du travail en détermine les taux normaux, le décret réserve au Gouverneur Général le soin d'en fixer le tarif minimum (article 14, alinéa 2 et article 26, alinéa 1). Je n'ignore pas les difficultés que présente la fixation de ce minimum, qui peut et doit varier suivant la qualité du travail fourni, la situation du marché, et différer de province à province, ou même dans les diverses régions d'une seule circonscription. Il a paru néanmoins nécessaire de le prévoir, en raison de l'ignorance de certains indigènes, et aussi dans le but de faciliter le contrôle des contrats et de prévenir les engagements fictifs. Il sera possible à l'office régional, avec les informations dont il disposera, de constater le taux du salaire quotidien, ordinairement payé dans une région déterminée aux ouvriers d'habileté et de force moyennes pour les travaux courants dans cette région. C'est ce taux qu'il y aura lieu de me proposer comme minimum. Celui-ci ne devra pas servir à élever arbitrairement les salaires, mais il n'excluera pas non plus, bien entendu, des salaires plus forts, ainsi que des primes au rendement, à la production, à la qualité du travail, etc. Une instruction ultérieure fixera les relations entre l'office central et ses annexes régionales.

Inspection du travail. — Les fonctions d'inspecteur du travail seront confiées à des fonctionnaires spécialisés. Elles seront également remplies par les inspecteurs des provinces, qui les cumuleront avec leurs attributions actuelles. Conformément aux dispositions de l'article 19, les chefs de circonscription et de subdivision — et ceci est important — conserveront cependant toutes leurs attributions actuelles en matière de surveillance et de contrôle. Il en sera de même pour les fonctionnaires du service des mines et des travaux publics, en ce qui concerne la surveillance des exploitations minières et des appareils à vapeur.

Contrats de travail. — Il résulte de l'ensemble des dispositions du décret qu'il importe de distinguer deux sortes de contrats : les contrats obligatoires et les contrats facultatifs. Entrent dans la première catégorie tous ceux qui constatent des engagements de travailleurs d'une durée supérieure à trois mois et, en outre, quelle qu'en soit la durée, les contrats conclus avec l'assistance de l'office régional ou d'un agent de l'administration. Les engagements d'indigènes salariés autres que des travailleurs (Voir rubrique : Statut des travailleurs) sont par conséquent dispensés de la formalité du contrat, qui devient dès lors facultatif.

Les contrats doivent être visés par le chef de district ou le secrétaire de l'office, et leurs mentions essentielles (article 35) sont enregistrées sur un livre spécial. Ils sont ensuite transcrits sur les livrets de travail dont les indigènes engagés doivent obligatoirement être pourvus. L'arrêté du 30 décembre en a fixé la contexture. Le même arrêté a également déterminé le modèle des registres à tenir par l'employeur (article 42).

Le décret édicte certaines mesures en faveur des travailleurs. Il prévoit, notamment, celles qui doivent être adoptées en ce qui concerne le paiement des salaires, l'alimentation, le logement, les soins médicaux (articles les 26, 28, 31, 32). Le visa et l'enregistrement du contrat devront toujours être refusés si celui-ci ne satisfait pas aux prescriptions du règlement.

A cette occasion, je tiens à souligner que ces prescriptions s'appliquent aux services publics comme aux particuliers. Vous voudrez bien veiller avec un soin minutieux à leur application sur les chantiers publics. Je désire que ces derniers se présentent comme des modèles d'installation, ce qui n'est malheureusement pas le cas aujourd'hui. Il ne faut pas oublier que le passage sur un chantier public constitue dans la majeure partie des cas le premier contact de l'indigène avec la vie de salarié. Si cette première impression a été mauvaise, il est fort à craindre qu'il ne se montre définitivement rebelle à toute opération ultérieure de recrutement entreprise par un particulier. Or, nos interventions doivent diriger l'indigène vers l'abandon d'une vie misérable de stagnation qu'il mène souvent dans son village et à l'amener à une association plus active aux travaux de la colonisation européenne. Pour cette raison primordiale, il est d'une importance extrême que l'impression rapportée de ce premier contact soit telle qu'elle encourage l'indigène à s'engager ultérieurement dans des exploitations privées. Je vous prierai donc de mettre tout en œuvre pour aboutir à ce résultat et de ne pas hésiter à me signaler ceux de nos chantiers publics où mes prescriptions formelles ne seraient pas observées. Nous avons un devoir d'humanité d'abord, un devoir d'exemple ensuite à remplir.

Il importe, en outre, de se rappeler que notre œuvre ici est une œuvre d'éducation, des adultes aussi bien que des enfants, et que, dans un pays qui vient de s'éveiller seulement à la vie économique, la formation d'une classe d'ouvriers agricoles ou industriels est la condition *sine qua non* de sa mise en valeur.

J'attire enfin votre attention sur l'article 40 relatif à la faculté de rachat des prestations. La faveur ainsi accordée aux travailleurs s'est révélée comme l'un des moyens les plus puissants pour atténuer la crise de la main-d'œuvre, mais elle est aussi de nature à engendrer des abus sur lesquels je vais revenir.

Interruptions du travail et sanctions. — Sans observation.

Infractions à la réglementation du travail. — Ce titre énumère les infractions relevant des tribunaux de droit commun, soit des tribunaux français lorsque l'une des parties en cause est européenne ou assimilée, soit des tribunaux indigènes du 1ᵉʳ degré lorsque les deux parties en cause sont indigènes.

Si l'énumération nouvelle de ces infractions reproduit à peu près celle de l'ancienne réglementation, vous retiendrez que les pénalités peuvent maintenant atteindre 100 francs d'amende et quinze jours de prison, alors qu'autrefois elles ne dépassaient pas les peines de simple police.

Il a paru, en effet, nécessaire dans l'intérêt de tous de réprimer avec sévérité tous les faits visés à ce titre, principalement le débauchage d'ouvriers et les contrats fictifs, trop fréquents. Ces derniers, notamment, provoquent un gaspillage de main-d'œuvre dont tous les éléments sérieux de la Colonie ne cessent de se plaindre. Chose peut être plus grave encore, ils portent la démoralisation chez les indigènes ne leur permettant de bénéficier, par dol, des avantages réservés aux véritables travailleurs ; ils encouragent nombre d'entre eux à la paresse ; enfin ils détournent complètement de leur but les dispositions libérales adoptées en faveur des colons et des indigènes sérieux.

Il est indispensable que ces agissements prennent fin. L'application des sanctions prévues au décret permettra de sévir rigoureusement contre les auteurs de faits aussi préjudiciables au progrès social et au développement économique du pays. L'inspection et vous-mêmes porterez particulièrement vos efforts sur ce point. Afin d'avoir une première base d'appréciation, vous établirez dès réception de la présente circulaire un état des besoins en main-d'œuvre de chaque exploitation, conforme au modèle ci-annexé. Il est bien entendu que cette liste devra être établie avec le plus grand libéralisme et qu'il conviendra de tenir compte tant de l'instabilité que de l'irrégularité de la main-d'œuvre indigène. Le chiffre que vous aurez fixé pour chaque exploitation, si possible d'accord avec l'employeur, vous servira de contrôle pour le visa des contrats.

Tant que le « plafond » ne sera pas atteint, les contrats devront être visés d'office ; mais le plafond une fois atteint, il vous appartiendra de demander à l'employeur toutes les justifications que vous jugerez utiles et de ne donner votre visa que ces justifications obtenues.

De nombreux employeurs se plaignent aussi que, très souvent, des indigènes engagés à leur service passent contrat avec un autre patron avant même tout commencement d'exécution de leur contrat antérieur. Il conviendra de rechercher avec soin ces engagés, afin qu'ils puissent être, le cas échéant, poursuivis judiciairement. On peut, d'ailleurs, espérer que les prescriptions concernant l'enregistrement de tout contrat d'une durée supérieure à trois mois, le livret de travail et le registre de l'employeur rendront ce fait plus rare.

Un grand nombre de ces doubles contrats sont conclus par les originaires du Sud qui, en cours de route, renoncent — souvent spontanément, parfois aussi sur l'intervention d'un tiers, peu scrupuleux — à se rendre chez l'engagiste qui les a recrutés, leur a payé une prime d'engagement et du vatsy. Il sera possible de remédier à cet état de choses en établissant au lieu de recrutement un passeport collectif par groupes de travailleurs ne dépassant pas 50 hommes ; ce passeport mentionnera le nom de l'employeur, le lieu de destination, le nom des travailleurs, le numéro de leur contrat et l'itinéraire à suivre.

Les autorités administratives des chefs-lieux de districts ou de postes se trouvant sur l'itinéraire viseront obligatoirement ces passeports, s'assureront de la présence de tous les hommes du détachement et, le cas échéant, s'informeront auprès des autres travailleurs des motifs des absences constatées. Dans ce dernier cas, elles pourront immédiatement faire rechercher les retardataires, veiller à ce qu'ils poursuivent leur route — les faire hospitaliser et soigner, s'ils sont malades — ouvrir toutes informations utiles, s'il s'agit de rupture de contrat et de nouvel engagement.

Conseils d'arbitrage. — Je ne crois pas utile de commenter longuement les dispositions du Chapitre VIII relatives aux conseils d'arbitrage ; elles reproduisent assez exactement celles du décret du 10 juin 1921. Je me bornerai à vous rappeler que l'institution des conseils d'arbitrage ne peut être efficace qu'à la condition que les affaires portées devant cette juridiction soient réglées très rapidement. Les présidents de ces conseils s'efforceront d'obtenir, dans le minimum de temps, le règlement des contestations.

Afin que les juridictions d'arbitrage fonctionnent à brève échéance sur les nouvelles bases, je vous prie de bien vouloir inviter les chambres et commissions consultatives à procéder dès maintenant aux élections prévues à l'article 60. Vous me transmettrez de votre côté vos propositions en vue de la nomination des assesseurs indigènes.

*
* *

J'en ai terminé avec l'examen des dispositions du décret sur lesquelles j'ai jugé utile d'appeler plus particulièrement votre attention.

Sans doute ce texte ne résoudra-t-il pas ce qu'il est convenu d'appeler la crise de la main-d'œuvre Tel qu'il est cependant, il est de nature à valoir une très sérieuse atténuation aux difficultés actuelles. Grâce à la création des offices, le recrutement des travailleurs pourra être facilité, des garanties sérieuses seront désormais acquises aux employeurs comme aux ouvriers, le règlement des litiges pourra rapidement être obtenu.

D'autre part, les conditions dans lesquelles ce texte a été élaboré, dans l'accord complet de l'administration et des représentants de la colonisation et des indigènes, sont du plus heureux augure quant à son application. Je veux espérer que tous les intéressés feront un effort sérieux en vue de mettre en pratique les mesures prescrites par le décret. Je compte, d'autre part, que les diverses autorités chargées d'appliquer à quelque titre que ce soit la règlementation du travail y consacreront, avec libéralisme et avec fermeté, tout leur zèle et tout leur dévouement.

Tananarive, le 30 décembre 1925.

M. OLIVIER.